INVENTAIRE
V 49918

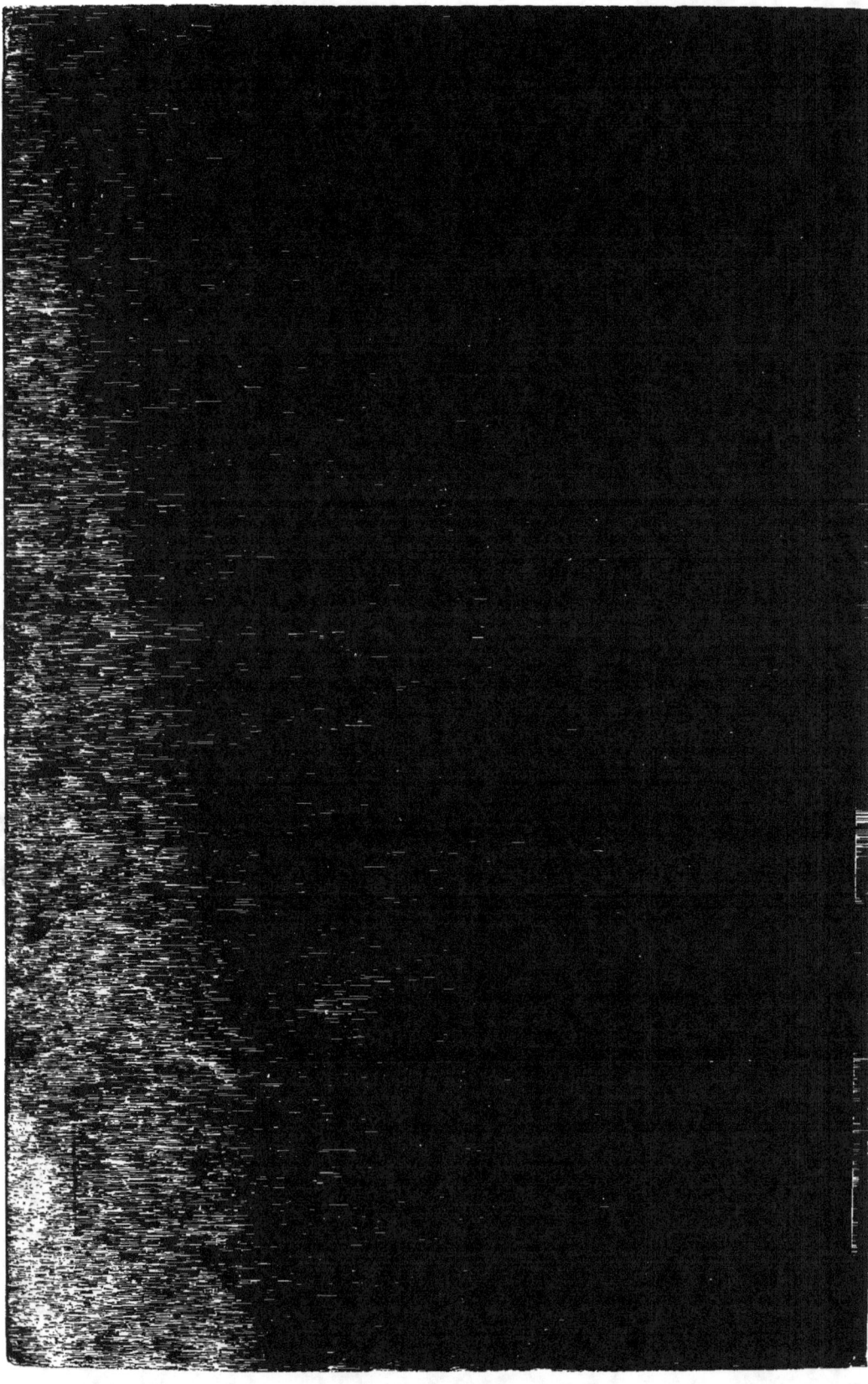

MESURES

DE LA CÉLÈBRE STATUE

DE

L'ANTINOÜS,

SUIVIES

DE QUELQUES OBSERVATIONS SUR LA PEINTURE,

TRANSCRITES LITTÉRALEMENT DU MANUSCRIT ORIGINAL

DE NICOLAS POUSSIN,

PUBLIÉES

PAR BELLORI,

EN 1672,

ET TRADUITES DE L'ITALIEN,

PAR P. M. GAULT DE SAINT-GERMAIN,

CI-DEVANT PENSIONNAIRE DU ROI DE POLOGNE, EX-PROFESSEUR DU CI-DEVANT COLLÉGE DE CLERMONT.

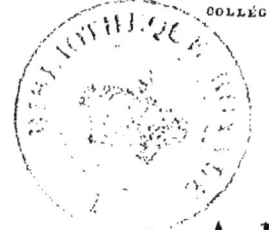

A PARIS,

DE L'IMPRIMERIE DE A. ÉGRON.

CHEZ PERLET, LIBRAIRE, RUE DE TOURNON, N° 1133.

M. DCCCIII.

AVIS PRÉLIMINAIRE.

Les réflexions aussi savantes qu'érudites dont le Poussin accompagnoit ses ouvrages lorsqu'il les envoyoit à leur destination, et le désir qu'il a manifesté toute sa vie d'écrire sur la peinture, ont toujours fait penser qu'il avoit composé un ouvrage sur ce bel art qu'il a possédé à un si haut degré de perfection. On étoit persuadé même en France qu'il avoit composé un *Traité de la lumière et des ombres;* pour s'en assurer, M. de Chantelou, peu de temps après la mort du Poussin, en écrivit à M. Ducher, son beau-frère. Félibien rapporte sa réponse en italien, dont voici la traduction.

« Vous m'écrivez, monsieur, que M. Cerisier vous a dit avoir vu un livre traitant de la lumière et des ombres, fait par M. Poussin; cela n'est aucunement vrai. Il m'est resté effectivement entre les mains quelques manuscrits qui traitent de la lumière et des ombres; mais ils ne sont point de M. Poussin. Il me les avoit fait copier sur un livre original qui est dans la bibliothèque du cardinal Barberini, et l'auteur de cet ouvrage est le père Matteo, maître de perspective du Dominiquin. Il m'en avoit fait copier une grande partie bien long-temps avant que nous allassions à Paris. Il me fit encore copier les *Règles de Perspective de Vitellione;* pour cette raison, plusieurs personnes ont cru que M. Poussin les avoit composées. Afin que vous soyiez assuré de ce que je vous écris, vous me feriez un sensible plaisir de faire savoir à M. de Chambray, que s'il veut les voir, ainsi que vous, je vous ferai passer ces manuscrits par le courrier, à condition que vous me les renverrez sitôt que vous les aurez vus. Tous les Français sont persuadés que M. Poussin a laissé quelque *Traité sur la peinture;* n'en croyez rien, monsieur. Il est bien vrai que je lui ai entendu dire nombre de fois qu'il étoit dans l'intention de commencer quelqu'ouvrage sur l'art de la peinture; mais quoique je l'aie souvent tourmenté à ce sujet, il m'a toujours remis d'un temps à un autre; et la mort, en le frappant, a fait évanouir tous ses projets à cet égard. (23 janvier 1666.) »

Cette réponse de M. Ducher rendoit encore plus précieuses les lettres du Poussin. On s'empressa de les recueillir; Félibien en a publié quelques-unes; mais on peut lui reprocher, avec raison, de les avoir tronquées, et en y intercalant son style monotone, il les a défigurées. Ce fragment du Poussin, que je publie aujourd'hui, est très-rare et n'est point connu dans notre langue. Bellori, d'après lequel je l'ai traduit, dit : (Nous allons rapporter enfin les mesures et les proportions de la célèbre statue d'Antinoüs, transcrites littéralement de l'original du Poussin, suivies de quelques observations et notes peu nombreuses, mais importantes sur la peinture, à la manière de Léonard de Vinci (*). On conserve ses manuscrits dans la bibliothèque du cardinal Camillo Massimi : le Poussin les avoit communiqués à M. Lemaire, pour lequel il avoit beaucoup d'attachement, tant à cause de son grand mérite pour la peinture, qu'à cause de son ancienne amitié pour lui(**)). Félibien l'appelle Jean Lemaire, ou le Gros Lemaire. Il retourna à Rome une seconde fois, en 1642, pour accompagner le Poussin dans son dernier voyage. Cet homme, très-pieux, mourut à Gaillon, en 1659. Il donna une partie de son bien aux pauvres, c'est-à-dire, de ce qui lui restoit, car il en avoit perdu la plus grande partie dans un incendie du pavillon des Tuileries, où il demeuroit, et où il pensa même être brûlé. Le feu s'étant mis aux offices, gagna les appartemens avec une si grande rapidité qu'il lui fut impossible de rien sauver. Sa correspondance avec le Poussin, et les tableaux de son illustre ami, furent la proie des flammes.

Il paroît, d'après la lettre de M. Ducher, que le Poussin a peu écrit, ou plutôt qu'il n'écrivoit que pour lui et ses amis; mais dans le peu de choses qui nous reste de la plume de ce grand homme, les pensées en sont si belles, elles répandent une lumière si vive sur sa conduite, qu'on y voit tout à la

---

(*) Le Poussin écrivoit avec la même facilité en italien qu'en français.

(**) Vita di Nicolo Pussino, da Gio Pietro Bellori.

fois, la force de son imagination, la beauté de son génie et l'heureux choix qu'il savoit faire de la nature des choses dans les ouvrages de haute conception.

Ses contemporains ne lui ont pas toujours rendu justice, et les esprits étoient bien souvent divisés à son égard; les critiques blâmoient son amour extrême pour l'antique; on le traitoit même de fanatique. Mais tous ceux qui ont une véritable idée de la beauté et de la perfection, trouveront toujours dans les ouvrages du Poussin, l'élégance, la majesté, la délicatesse, et la grande correction des statues antiques, alliés avec la beauté du pinceau et le moëlleux des corps naturels.

Dans plusieurs de ses ouvrages, sans être positivement esclave de l'antique, comme se plaisoient à le dire ses détracteurs, on sent néanmoins qu'il en a suivi les proportions. Tel est le fameux tableau de la Manne, qui a servi de conférence à l'Académie royale de Peinture; en 1667, ce tableau parut d'une si grande beauté, qu'on y retrouvoit toutes les proportions et la pureté des plus belles figures antiques, tels que le Laocoon, la Niobé, le Sénèque, l'Antionoüs, les Lutteurs, la Diane d'Éphèse, l'Apollon, la Vénus de Médicis, l'Hercule Commode.

De toutes les études de ces figures que le Poussin avoit mesurées avec soin, il ne nous est resté que l'Antionoüs; toutes les autres ont disparu.

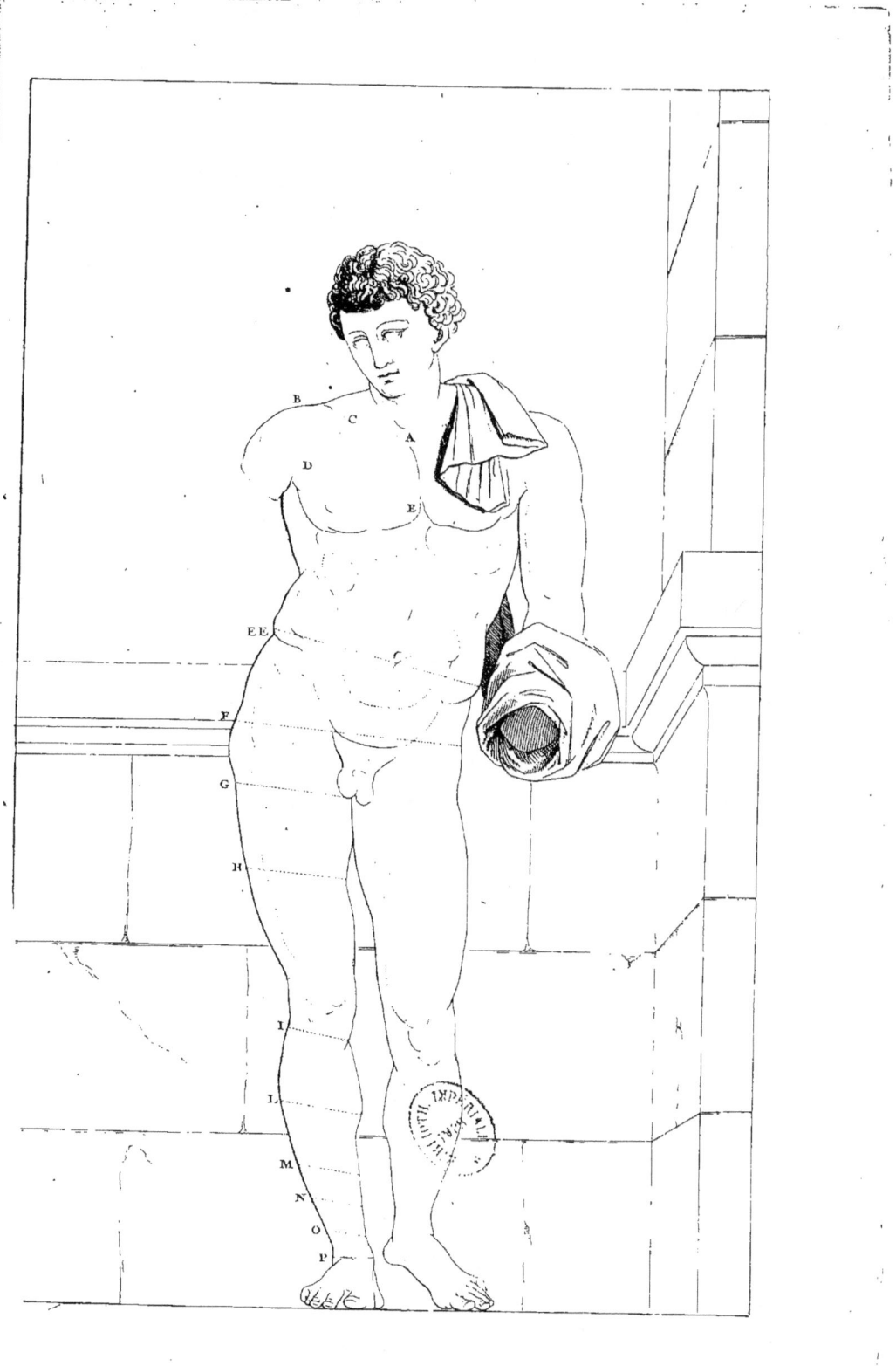

MESURES

DE LA STATUE

DE

L'ANTINOÜS,

VUE DE FACE.

Du nœud de la gorge A jusqu'à l'extrémité de la clavicule, dans l'endroit où elle se joint avec l'acromion et l'os du bras, marque B, il y a une tête.

Du nœud de la gorge A jusqu'au principe du muscle deltoïde, marque C, il y a autant que dudit C jusqu'à la courbure du même muscle, marque D.

De la courbure D jusqu'au bout du sein, du bout du sein jusqu'au creux de l'estomac E, du deltoïde, marqué B, jusqu'à la courbure D, même mesure; de manière que dans cet espace de membre il y a cinq mesures, toutes égales entre elles.

Depuis cette partie jusqu'à la naissance du membre viril, il y a deux têtes, savoir;

du creux de l'estomac, jusqu'au premier affoiblissement, ou fibre dans le ventre supérieur, un tiers et trois douzièmes; le second affoiblissement, qui est terminé par le nombril, a un tiers et un douzième, et le tout fait une tête. Du nombril jusqu'à l'extrémité du membre viril, cette partie est divisée comme la supérieure C, A, D, pour la première diminution du bas-ventre, autant que pour celle du ventre supérieur, et jusqu'au membre viril, de même que pour la seconde diminution du ventre supérieur, ce qui fait encore une autre tête. Sous ces lignes, d'un profil à l'autre, il y a deux têtes.

E E. une tête et deux tiers, un vingtième de tête et quatre cinquièmes.

F. une tête moins un vingtième et trois quarts.
G. deux tiers moins un douzième.
H. deux tiers moins un douzième.
I. deux quarts et la moitié d'un vingtième.
L. deux tiers.
M. un tiers et deux douzièmes.
N. deux cinquièmes.
O. un tiers.
P. un tiers et un douzième.

Le coude-pied, un tiers.

Au plus large du pied, un peu moins d'un tiers.

D'un bout du sein à l'autre, une face et six vingtièmes.

MESURES
DE LA STATUE
DE
L'ANTINOÜS,
VUE DE PROFIL.

A. trois cinquièmes.
B. une face un tiers et la moitié d'un douzième.
C. une face et deux cinquièmes.
D. une face et neuf vingtièmes.
E. une face et deux vingtièmes.
F. une face.
G. une face et deux cinquièmes.
H. une face et deux vingtièmes.
I. une face et un vingtième.
L. deux tiers et un douzième.
M. deux tiers.
N. deux tiers moins un douzième.
O. deux tiers.
P. un tiers et deux douzièmes.
Q. un tiers et un douzième et demi.
R. neuf vingtièmes.
S. trois cinquièmes.
T. une tête et trois cinquièmes.

La longueur du pied est la même que de sa plante au mollet, et du mollet au sommet du genou.

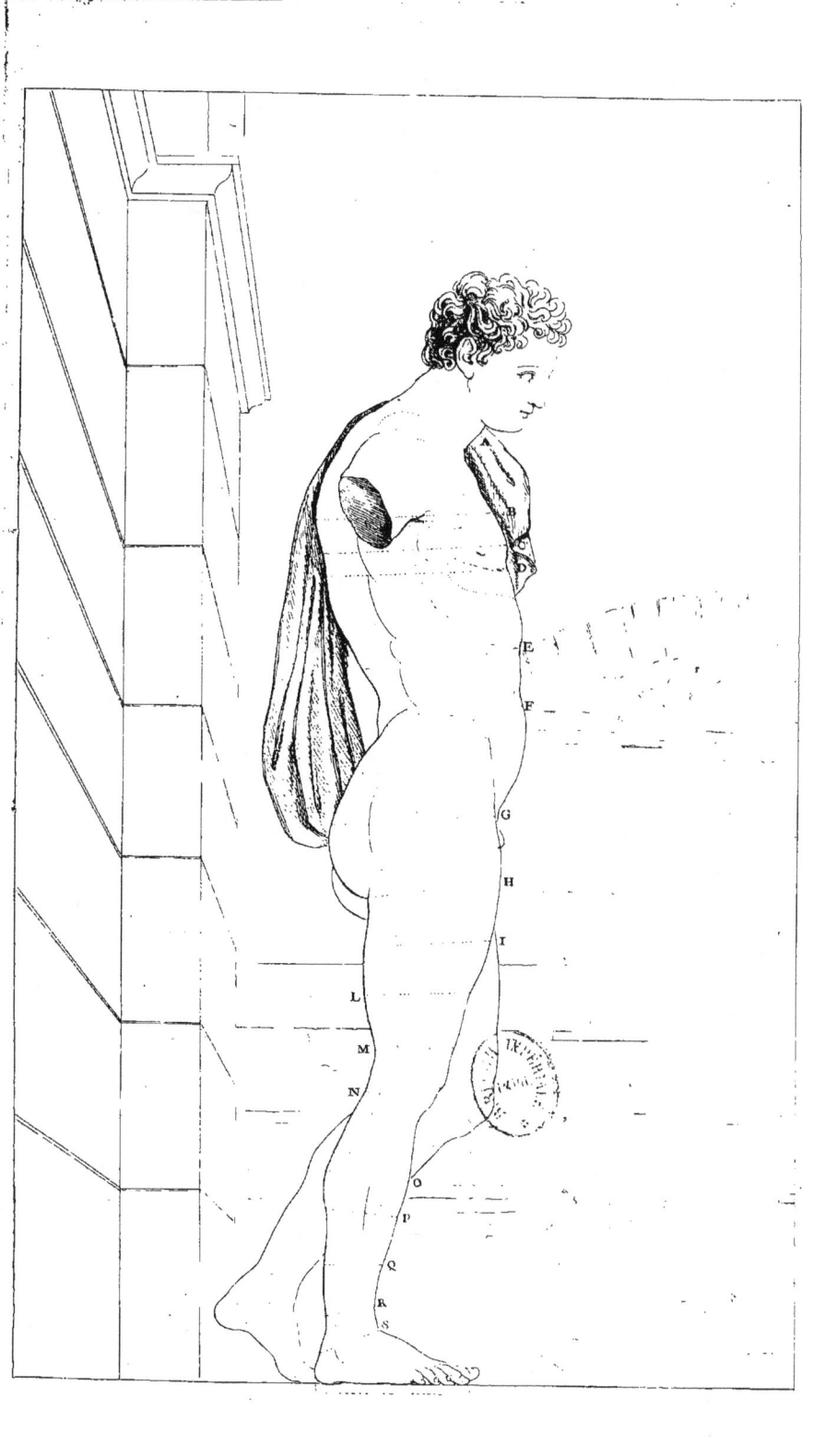

OBSERVATIONS
DE
NICOLAS POUSSIN
SUR
LA PEINTURE,

TRADUITES DE L'ITALIEN.

DE L'EXEMPLE DES BONS MAÎTRES.

BIEN qu'à la théorie on joigne l'enseignement qui regarde la pratique, cependant tant que les préceptes ne sont pas rendus authentiques, ils ne laissent pas dans l'âme cette habitude de travailler, qui ne peut être que l'effet de la main-d'œuvre. Les voies longues et détournées conduisent rarement les jeunes-gens au terme de leur voyage, à moins que l'escorte efficace des bons exemples ne leur montre un chemin plus court et un but plus direct.

DÉFINITION DE LA PEINTURE ET DE SA PROPRE IMITATION.

La peinture, dans le style noble, n'est autre chose que l'imitation des actions humaines qui, de leur nature, peuvent s'imiter. Quand les circonstances, dans ce cas, forcent à imiter d'autres objets, ils ne doivent être regardés que comme accessoires. Ainsi la peinture peut imiter les actions humaines, et encore toutes les variétés de la nature.

COMMENT L'ART SURPASSE LA NATURE.

L'art n'est point une chose différente que la nature : en conséquence il ne peut outrepasser le terme que lui assigne la nature. Les dons que la nature répand dans les ouvrages de l'art sont épars çà et là ; ils brillent en divers hommes, en divers temps, et en divers lieux. Ainsi l'enseignement ne se trouve jamais dans un seul homme. La réunion de tous ces dons doit être le but de l'étude et le terme de la perfection dans les ouvrages de l'art.

COMMENT L'IMPOSSIBLE FORME QUELQUEFOIS LA PERFECTION DE LA PEINTURE ET DE LA POÉSIE.

Aristote démontre, par l'exemple de Zeuxis, qu'il est permis à un poëte de dire des choses impossibles ; c'est ainsi que nous paroissent les choses lorsqu'elles sont à un plus grand degré de perfection que tout ce que l'on connoît, puisqu'il est impossible qu'il y ait dans la nature une femme qui réunisse toutes les beautés qu'on admire dans la figure d'Hélène, cette femme étant plus parfaite que possible.

DES TERMES DU DESSIN ET DE LA COULEUR.

Il faut éviter trop de mollesse et trop de rudesse dans les lignes et les couleurs. La peinture sera élégante quand les termes supérieurs et les inférieurs seront fondus par l'intermission des milieux. C'est ainsi que l'on peut expliquer l'amitié et l'inimitié des couleurs et de leur terme.

DE L'ACTION.

Il y a deux moyens de maîtriser l'esprit des auditeurs, l'action et la diction. La première est si puissante et si efficace par elle-même, que Démosthène lui donne le pas sur l'art de la réthorique; Cicéron l'appelle la langue du corps : Quintilien lui attribue tant de force et de puissance, que sans elle il regarde comme inutiles les pensées, les preuves et les affections oratoires; de même en peinture, sans cette action le dessin et la couleur ne persuadent point l'esprit.

DE QUELQUES FORMES, DE LA MAGNIFICENCE DU SUJET, DE LA PENSÉE, DE L'EXÉCUTION ET DU STYLE.

La manière magnifique consiste en quatre choses; la nature ou le sujet, la pensée, l'exécution et le style. La première chose que l'on demande, comme le fondement de toutes les autres, est que la nature ou le sujet soit grand, tels que les choses divines, les batailles et les actions héroïques. Mais lorsque le sujet sur lequel travaille le peintre est grand, la chose à laquelle il doit s'attacher davantage, est d'éviter les puérilités pour ne point manquer au decorum de l'histoire; et après avoir parcouru avec un pinceau fier, les choses magnifiques et grandes, affecter avec art de répandre une certaine négligence sur les choses ordinaires et d'un intérêt secondaire.

Il faut qu'un peintre ait non-seulement l'art d'inventer son sujet, mais il faut qu'il ait encore le jugement nécessaire, d'abord pour le bien connoître, et qu'ensuite il soit d'une nature propre à être d'une grande perfection en peinture.

Les sujets vils sont le refuge de ceux qui, par la foiblesse de leur génie, n'en peuvent choisir d'autres. Il faut donc mépriser la bassesse de ces sujets, pour lesquels toutes les ressources de l'art sont inutiles. Quant à la pensée, c'est une pure production de l'âme qui embrasse toutes les parties de son sujet. Telle fut la pensée d'Homère et de Phidias dans le Jupiter Olympien, qui d'un signe ébranle l'univers. Il faut que le dessin tourne toujours au profit de la pensée. L'exécution ou la composition de toutes les parties ne doit point être recherchée, étudiée, ni trop élaborée, mais conforme en tout à la nature du sujet. Le style est une manière particulière dans l'application et l'usage des idées, et un art de peindre et de dessiner, né du génie particulier de chacun.

DE L'IDÉE DE LA BEAUTÉ.

L'idée de la beauté n'arrive point dans le sujet, qu'elle n'y soit préparée le plus possible. Cette préparation consiste en trois choses ; l'ordre, le mode et l'espèce ou la forme. L'ordre signifie l'intervalle des parties ; le mode a trait à la quantité, et la forme consiste dans les contours et les couleurs. Il ne suffit pas que toutes les parties aient l'ordre et l'intervalle convenables, ni que tous les membres du corps soient dans leurs places naturelles, si on y joint le mode qui sert à demeurer dans de justes bornes ; la forme dans des traits faits avec grâce et finesse, l'accord parfait entre la lumière et les ombres.

On voit donc clairement que la beauté s'éloigne toujours de la nature du corps, et ne s'en approche que lorsqu'elle y est disposée par des moyens préparatoires qui élèvent l'imagination en portant l'esprit à donner une plus haute idée des choses qu'elles ne sont en effet. La peinture agréable de la beauté est le *nec plus ultrà* de l'art.

DE LA NOUVEAUTÉ.

LA nouveauté dans la peinture consiste moins dans le choix d'un sujet qui n'a jamais été traité, que dans une disposition et expression neuve et variée ; ainsi un sujet commun ou ancien devient neuf et particulier à celui qui s'en empare en s'élevant au-dessus de ceux qui l'ont traité avant lui. On en peut citer un exemple dans la Communion de S.-Jérôme du Dominiquin ; elle est si supérieure en expression à celle d'Augustin Carrache, faite antérieurement, qu'on citera toujours de préférence celle du Dominiquin.

CE QUE LE SUJET QUE L'ON VEUT TRAITER NE PEUT APPRENDRE QUELQUEFOIS, ET LA MANIÈRE D'Y SUPPLÉER.

Si le peintre veut exciter l'étonnement, quoique n'ayant point devant les yeux un sujet propre à le produire, ce n'est point par des efforts hors de raison ni par des nouveautés étrangères qu'il y parviendra ; mais s'il exerce son génie dans une belle exécution, la supériorité avec laquelle il aura traité son sujet fera dire : le mérite du peintre surpasse le sujet.

DE LA FORME DES CHOSES.

La forme des choses se distingue par l'effet

qu'elles produisent sur l'esprit. Les unes excitent la joie et la gaîté ; les autres la tristesse ou l'horreur. Si elles agitent l'âme du spectateur dans l'un ou l'autre de ces divers sens, la forme des choses est atteinte.

DE LA MAGIE DES COULEURS.

Les couleurs, en peinture, sont comme les vers dans la poésie ; ce sont les charmes que ces deux arts employent pour persuader.

QUELQUES PENSEES

DU POUSSIN,

EXTRAITES DE SES LETTRES.

Moyen d'apprendre a bien voir pour juger des
ouvrages de l'art.

Il y a deux manières de voir les objets ; l'une en les voyant simplement, et l'autre en les considérant avec attention. Voir simplement n'est autre chose que recevoir naturellement dans l'œil la forme et la ressemblance de la chose vue. Mais voir un objet en le considérant, c'est qu'outre la simple et naturelle réception de la forme dans l'œil, l'on cherche avec une application particulière les moyens de bien connoître ce même objet : ainsi on peut dire que le simple aspect est une opération naturelle, et que ce qu'on nomme prospect est un office de raison qui dépend de trois choses, savoir : de l'œil, du rayon visuel, de la distance de l'œil à l'objet : et c'est de cette connoissance dont il seroit à souhaiter que ceux qui s'empressent de juger les ouvrages de l'art fussent bien instruits.

Définition du mode et des divers modes qu'employoient les Grecs dans les ouvrages de l'art.

Les anciens Grecs, inventeurs des beaux-arts, trouvèrent plusieurs modes par le moyen desquels ils produisirent les effets merveilleux qu'on remarque dans leurs ouvrages. Il faut entendre par le mot de mode, la raison, la mesure, ou la forme qui oblige à demeurer dans de justes bornes, et à travailler avec une certaine modération et ordre déterminé, afin d'établir l'ouvrage que l'on fait dans son être véritable.

Le mode des anciens étant une composition de plusieurs choses, il arrive que de la variété et différence qui se rencontre dans l'assemblage de ces choses, il en naît autant de différens modes, et que de chacun ainsi composé de diverses parties mises ensemble avec proportion, il en procède une secrète jouissance d'exciter l'âme à différentes passions. De là les anciens attribuèrent à chacun de ces modes une propriété particulière, selon qu'ils reconnurent la nature des effets qu'ils étoient capables de causer : comme un mode qu'ils nommèrent Dorien, les sentimens graves et sérieux ; au Phrygien, les passions véhémentes ; au Lydien, ce qu'il y a de doux, de plaisant et d'agréable ; à l'Ionique, ce qui convient aux bacchanales, aux fêtes et aux danses.

Le goût détermine souvent la manière de voir.

Tous ceux qui voient un tableau ne sont pas d'un même sentiment, parce que le goût des amateurs de la peinture n'est pas moins différent que ceux des peintres ; et cette différence de goût est la cause de la diversité qui se trouve dans les travaux des uns et dans le jugement des autres.

Les hommes se trompent souvent dans leurs jugemens ; les grandes réputations ne sont pas toujours fondées sur le vrai savoir ni sur la moralité.

Un ancien philosophe disoit qu'il seroit à souhaiter qu'on vît ce qui se passe dans le cœur humain, parce que non-seulement on y découvriroit le vice ou la vertu, mais aussi le crime et les bonnes mœurs ; ce qui seroit d'un grand avantage pour les personnes savantes, qui ne laisseroit aucun doute sur leur mérite. La nature en ayant usé autrement, il est aussi difficile de bien juger de la capacité des personnes dans les sciences et dans les arts, que de leurs bonnes ou mauvaises inclinations dans les mœurs.

L'étude et l'industrie des gens savans ne peut obliger le reste des hommes à avoir une croyance entière dans ce qu'ils disent : ce qui de tout temps a été assez connu à l'égard des peintres anciens et modernes. On peut citer pour exemple Annibal Carrache et le Dominiquin, qui ne manquèrent ni d'art, ni de science, et qui en donnèrent des preuves assez éclatantes pour faire juger de leur mérite : cependant il fut long-temps méconnu, tant par un effet de leur mauvaise fortune, que par les brigues des envieux, qui jouirent pendant leur vie d'une réputation et d'un honneur qu'ils ne méritoient pas.

Après avoir considéré la division que fait le seigneur François Junius des parties de ce bel art, j'ai osé mettre ici brièvement ce que j'en ai appris. Il est nécessaire premièrement de savoir ce que c'est que cette sorte d'imitation, et de la définir.

Définition.

C'est une imitation faite avec lignes et couleurs en quelque superficie de tout ce qui se voit sous le soleil. Sa fin est la délectation.

Principes que tout homme de raison peut apprendre.

Il ne se donne point de visible sans lumière.

Il ne se donne point de visible sans forme.
Il ne se donne point de visible sans couleur.
Il ne se donne point de visible sans distance.
Il ne se donne point de visible sans instrument.

Choses qui ne s'apprennent point, et qui sont parties essentielles a la peinture.

Premièrement pour ce qui est de la matière, elle doit être noble, qui n'ait reçu aucune qualité de l'ouvrier. Et pour donner lieu au peintre de montrer son esprit et son industrie, il faut la prendre capable de recevoir la plus excellente forme : il faut commencer par le décor, la beauté, la grâce, la vivacité, le costume, la vraisemblance, et le jugement partout. Ces dernières parties sont du peintre et ne se peuvent enseigner. C'est le rameau d'or de Virgile, que nul ne peut trouver ni cueillir s'il n'est conduit par le destin. Ces neuf parties contiennent plusieurs choses dignes d'être écrites par de savantes mains. (*Ext. de F.*)

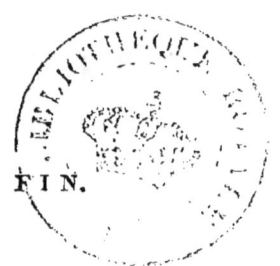

FIN.

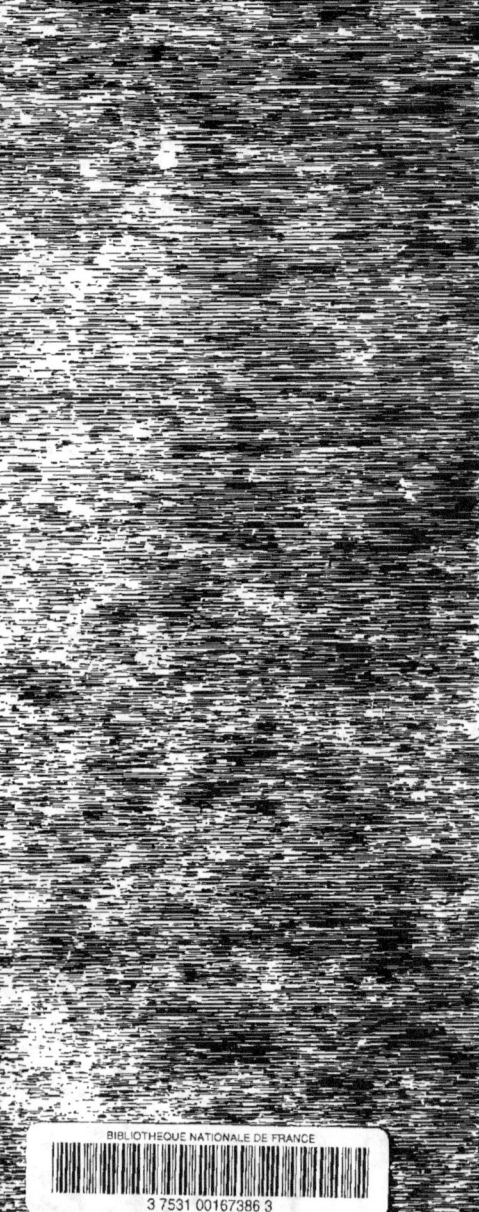

www.ingramcontent.com/pod-product-compliance
Lightning Source LLC
Chambersburg PA
CBHW050036230526
45470CB00003B/1302